SAN DIEGO

VOTRE GUIDE DE VOYAGE POUR LA PLUS BELLE VILLE D'AMÉRIQUE

WILLELM MERCIER

CONTENTS

1

TANT DE CHOSES À FAIRE !

Si vous visitez San Diego pour la première fois, cela peut être assez impressionnant, surtout lorsque vous réalisez qu'il y a tant de choses à faire. Décider où aller et quoi faire peut prendre beaucoup de temps. C'est là que nous pouvons vous aider. Voici les 8 meilleurs endroits à San Diego - des expériences que vous devez absolument vivre.

1. Aller à la plage : Quelle que soit la saison, la plage incarne le mode de vie de San Diego. Que vous observiez la marée ou profitiez du soleil, il y a toujours quelque chose à faire à la plage. De Mission Beach au grand huit du Belmont Park, ne manquez pas les plages de la région.

2. Goûter au taco au poisson : Bien que cela puisse sembler étrange, le taco au poisson est l'un des plats les plus célèbres de San Diego. Le poisson frit

enrobé de maïs dans une tortilla est un délice auquel vous reviendrez encore et encore après l'avoir goûté !

3. Aller au Mexique : Ce n'est un secret pour personne que San Diego est à la frontière du Mexique, et Tijuana est une métropole en soi. Une visite à Tijuana ou en Basse-Californie est tout à fait sûre, de jour comme de nuit, peu importe ce que vous avez pu entendre. N'oubliez pas qu'il y a des lois différentes, apportez votre passeport et profitez de tout ce que ce paradis exotique a à offrir.

4. Faire un tour en tramway : Bien que San Diego n'ait pas le meilleur système de transport en commun, il y a le célèbre tramway, le MTS. Les autoroutes peuvent être intimidantes, donc le tramway est un excellent moyen de se déplacer. Si vous voulez en savoir plus sur la ville, achetez simplement un pass journalier pour le tramway - vous verrez ainsi plus de San Diego que vous ne l'auriez jamais imaginé.

5. Visiter les pandas : Bien que SeaWorld et LEGOLAND aient leur part d'animaux, les pandas ne sont pas rares au zoo de San Diego. Le zoo est une attraction touristique, et le bébé Su Lin est une véritable merveille. Si vous visitez le zoo de San Diego, faites-le le matin, lorsque les pandas sont les plus actifs.

6. Balboa Park : Après avoir vu les pandas, faites un détour par le joyau de la ville - Balboa Park. L'atmosphère y est incroyable, peu importe le moment où vous y allez. Cependant, si vous venez le mardi, la plupart des musées sont gratuits. Après avoir exploré un peu, dînez au restaurant Prado pour un repas exceptionnel dans un cadre exceptionnel.

7. Gaslamp et la vie nocturne : Le quartier Gaslamp dans le centre-ville de San Diego est l'endroit idéal pour danser, manger ou simplement observer les gens. C'est là que vous pouvez vivre le meilleur de San Diego, avec une cuisine pour tous les goûts.

8. La vieille ville : L'histoire de San Diego n'est pas toujours évidente, mais une visite au Old Town State Historic Park peut vous faire remonter dans le temps. Partout où vous regardez, vous trouverez des traces de l'ancien San Diego. Bien qu'il y ait de nombreux bons restaurants, vous devez absolument visiter le Old Town Mexican Cafe, qui sert la meilleure cuisine mexicaine de San Diego.

2

SAN DIEGO FAKTEN

Considérons que San Diego est l'une des meilleures villes des États-Unis, on peut facilement imaginer à quel point elle est populaire auprès des touristes. En plus des nombreuses réalisations que San Diego a à offrir, penchons-nous sur quelques faits concernant cette ville extraordinaire.

Fait 1 : À l'intérieur des limites de la ville de San Diego, plus d'un million de personnes y habitent. Cela fait de la ville la deuxième plus grande en Californie et la huitième aux États-Unis ! Malgré sa grandeur, les habitants ont toujours l'impression de vivre dans une petite ville, ce qui est assez remarquable.

Fait 2 : Quelle que soit la saison, il n'y a jamais de mauvais moment pour une visite. Le climat est presque parfait toute l'année, vous permettant de profiter de tout ce que la ville a à offrir. Avec une température moyenne annuelle d'environ 21 °C (70 °F), vous pouvez presque nager toute l'année.

Fait 3 : Si vous visitez la côte entre décembre et mars, vous aurez peut-être la chance d'apercevoir la majestueuse baleine grise. En participant à une croisière le long de la côte, vous pourrez observer cet impressionnant mammifère marin.

Fait 4 : À seulement 37 kilomètres (23 miles) au sud, vous trouverez la charmante ville de Tijuana. Ce qui était autrefois considéré comme dangereux est aujourd'hui un lieu fascinant d'hospitalité mexicaine, avec d'excellents restaurants, des opportunités de shopping et une vie nocturne agréable.

Fait 5 : San Diego offre une variété incroyable de fleurs et de roses. Le climat sec fournit des conditions parfaites pour les roses, les pâquerettes sauvages et d'autres fleurs exotiques. Avec différentes floraisons en hiver et en été, les amateurs de fleurs tomberont amoureux de tout ce que San Diego a à offrir.

Fait 6 : Ce n'est un secret pour personne que l'une des plus grandes attractions de San Diego est ses plages. Cependant, assurez-vous de lire les panneaux, car la beauté des plages varie presque autant que les règles.

Fait 7 : En ce qui concerne la vie nocturne, San Diego a quelque chose à offrir pour tous les goûts. De la danse country au chant dans un bar, la ville possède une vie nocturne très animée. Peu importe ce que vous aimez faire la nuit, San Diego l'offre, et probablement encore plus.

Fait 8 : La plus grande attraction de San Diego est son zoo. Ce zoo de 40 hectares abrite près de 4 000 animaux, qui ont tous beaucoup d'espace pour se promener. Avec ses pandas que tout le monde peut voir, le zoo de San Diego est une raison suffisante pour visiter la ville.

San Diego est la ville parfaite à visiter pour plus d'une raison. Vous pouvez y aller en famille ou entre amis, en sachant qu'il y aura toujours quelque chose à faire et à découvrir. Que ce soit en hiver ou en été, San Diego est le seul endroit où l'ennui n'existe pas.

3
LA JOLLA, SAN DIEGO

La région de La Jolla, un joyau étincelant de San Diego, offre une carte postale parfaite avec ses multiples plages le long de plus de sept miles de côte et ses collines douces connues sous le nom de Mount Soledad.

Située à seulement 15 minutes du centre-ville, La Jolla fait partie de San Diego et propose, en plus de ses paysages magnifiques, de nombreux restaurants de qualité, des galeries d'art, des hôtels et des complexes touristiques, ainsi que d'autres attractions telles que la Scripps Institution of Oceanography.

Le Birch Aquarium, également situé à La Jolla, vous invite à découvrir le monde fascinant des requins, des récifs coralliens vivants et de nombreuses autres expositions sous-marines. Cet aquarium révèle les secrets de l'océan et de ses habitants.

La côte de La Jolla est composée de promontoires rocheux séparés par des baies intactes et des plages de sable. Le long de la plage, vous trouverez divers hôtels et complexes qui rendront votre séjour encore plus agréable.

La plage de North Pacific s'étend jusqu'à La Jolla, en partant du Crystal Pier à Pacific Beach. En conduisant au nord de cette zone, vous arriverez aux plages de La Jolla.

En vous dirigeant vers l'extrémité sud de la côte de La Jolla, vous découvrirez Windansea Beach, réputée depuis long-temps pour être un paradis pour les surfeurs, bien que ses plages abruptes et ses falaises rocheuses puissent être très dangereuses si l'on n'y prend pas garde.

Près du centre-ville de La Jolla, se trouve un endroit appelé Casa, qui était autrefois une piscine pour enfants. Aujourd'-hui, les phoques et les otaries ont pris possession des lieux. Bien que les enfants ne puissent plus y nager, c'est un excellent passe-temps de se détendre sur la plage et de les observer jouer.

En longeant la côte de La Jolla, vous rencontrerez les mares résiduelles. Ces mares sont fascinantes à observer, même si vous ne devez pas les toucher. Il est préférable de les visiter à marée basse et de porter des chaussures à semelles en caoutchouc, car elles peuvent être glissantes.

La baie de La Jolla est très belle, bien qu'elle soit l'une des plus petites plages de San Diego. Des falaises de grès se dressent de chaque côté de la baie, ce qui lui confère une atmosphère d'île isolée.

À La Jolla, Shores Beach est la plage la plus large et la plus longue. Depuis la plage, vous pouvez apercevoir le Scripps Pier au loin, et durant les mois d'été, des cours de plongée pour débutants y sont organisés.

Les plages de La Jolla ont beaucoup à offrir à vous et à votre famille, et elles figurent parmi les meilleures de San Diego. Il y a de nombreuses activités, des sites à découvrir, des restaurants et des opportunités de baignade. Pour une journée à la plage mémorable, La Jolla semble réunir le meilleur de la vie californienne.

Black's Beach

Black's Beach est une plage de sable longue de deux miles, située au pied de majestueuses falaises qui peuvent atteindre 300 pieds de hauteur. Elle est officiellement connue sous le nom de Torrey Pines City Beach et est détenue conjointement par la ville de San Diego et l'État de Californie. Sur les falaises surplombant la plage, on trouve également un site de vol libre d'où l'on peut observer des parapentistes et même des planeurs télécommandés dans le ciel.

L'accès à Black's Beach n'est pas aisé en raison des hautes falaises et de l'absence d'escaliers. L'accès le plus sûr se fait depuis les plages situées au nord et au sud, bien que ce chemin puisse être bloqué lors des marées hautes ou en cas de forte houle.

Les falaises sont également instables et peuvent s'effondrer à tout moment, il est donc recommandé de rester à distance. Il n'y a pas de poste de surveillance permanent sur cette plage. Des sauveteurs sont présents de Spring Break jusqu'à la fin octobre, uniquement en journée.

Il est important de noter que la plupart des plages californiennes sont sujettes à de fortes courants marins, et Black's Beach ne fait pas exception. Les courants peuvent être puissants, il est donc préférable de nager près du rivage ou à proximité d'un sauveteur.

Les activités nautiques à Black's Beach sont pratiquement non réglementées. Les surfeurs et les baigneurs peuvent partager l'espace, mais ils doivent faire preuve de prudence et éviter de se blesser mutuellement.

Black's Beach est également un excellent spot de surf, particulièrement à son extrémité sud. En revanche, la plongée n'est pas recommandée en raison des difficultés d'accès et des conditions de surf.

Bien que l'accès puisse être compliqué, Black's Beach reste une plage exceptionnelle. Elle offre une grande tranquillité, une vue imprenable et un vaste espace de sable pour les enfants. Si vous n'y êtes jamais allé, cette plage pourrait rapidement devenir l'une de vos préférées dans toute la région de San Diego.

Children's Pool

La « Piscine des Enfants », également appelée « Casa », est une petite plage partiellement protégée par une digue. À l'origine, elle devait être un espace de baignade entièrement abrité, mais aujourd'hui, une grande partie de la zone située à l'intérieur de la digue s'est remplie de sable.

C'est une plage magnifique offrant plusieurs points de vue panoramiques. Des phoques et des otaries y sont présents presque toute l'année, sur la plage ou à proximité. Une réserve pour ces mammifères marins, connue sous le nom de « Rocher des Phoques », se trouve à quelques encablures du rivage.

La Piscine des Enfants n'est qu'à quelques minutes à pied du quartier commerçant de La Jolla. Au nord et au sud, on trouve des parcs verdoyants. Plusieurs petites plages sont également à proximité, notamment la plage de Wipeout au sud et la plage aux Coquillages au nord.

La Piscine des Enfants est aussi une plage prisée des plongeurs en raison des récifs au large. Ces mêmes récifs peuvent cependant engendrer de forts courants et d'autres dangers, particulièrement lorsque la houle est importante.

Schutz durch Rettungsschwimmer

Les maîtres-nageurs sauveteurs sont en service tous les jours de l'année. En été, ils sont généralement en poste de 9 heures du matin jusqu'à la tombée de la nuit. À d'autres périodes de l'année, il est possible que les maîtres-nageurs sauveteurs ne commencent leur service qu'à 10 heures du matin.

Wegbeschreibung

En venant du nord, prenez l'autoroute I-5 jusqu'à la sortie « La Jolla Village Drive », direction ouest. Au carrefour à feux, tournez à gauche sur Torrey Pines Road. Suivez cette rue jusqu'à Prospect Street et tournez à droite. Soyez attentif aux panneaux et tournez à droite sur Coast Boulevard.

En venant du sud, prenez l'autoroute I-5 en direction du nord jusqu'à la sortie « La Jolla Parkway ». Continuez sur cette route qui devient Torrey Pines Road. Suivez-la jusqu'à Prospect Street et tournez à droite. Guettez les panneaux indicateurs, puis tournez à droite sur Coast Boulevard.

Parken

À La Jolla Cove, le nombre de places de stationnement dans la rue est très limité. Il peut être extrêmement difficile de trouver une place, surtout en été. En semaine, le stationnement est limité à trois heures, tandis que le week-end, il n'y a pas de restriction.

Il est toujours conseillé de vérifier la signalisation pour d'éventuelles restrictions de stationnement. Le centre-ville de La Jolla dispose également de plusieurs parkings payants, et la plage n'est qu'à quelques pas.

Le « Children's Pool » de La Jolla est un endroit idéal pour passer une journée à s'amuser, faire de la plongée ou simplement profiter de l'eau. Il est recommandé d'arriver tôt, car l'endroit peut devenir très fréquenté en été. Une fois sur place, vous serez enchanté par tout ce que la piscine offre à vous et votre famille.

Empress Hotel

Au cœur du charmant village de La Jolla, l'Empress Hotel se dresse tel un palais enchanteur, situé à seulement six kilomètres au nord de Mission Bay. Cet hôtel, très prisé des touristes, ajoute une touche de beauté supplémentaire à l'impressionnante ville de San Diego.

L'Empress Hotel est réputé pour son accueil chaleureux, offrant des hébergements de qualité et un service des plus attentionnés. Cet établissement remarquable est l'endroit idéal pour se détendre et profiter pleinement de tout ce que San Diego a à offrir à vous et votre famille.

La Jolla est une station balnéaire huppée, nichée au milieu de magnifiques falaises et criques. Elle propose une multitude de boutiques, de restaurants raffinés, de galeries d'art uniques et de plages spectaculaires. En séjournant à l'Empress Hotel, vous serez enchanté par la région et ne cesserez de vous émerveiller.

Luxus

Si vous êtes à la recherche d'un hébergement luxueux, l'Hôtel Empress est fait pour vous. Vous y trouverez des chambres équipées soit d'un lit king-size, soit de deux lits queen-size, réparties en différentes catégories : Tradition-nelle, Deluxe, Empress et même la Suite Spa Empress.

Toutes les chambres de l'Hôtel Empress sont dotées des équipements suivants :

• Télévision par câble

• Réfrigérateur

• Machine à café et eau en bouteille

• Appels locaux et fax gratuits

• Messagerie vocale et connexions pour données

• Salle de bain privative avec sèche-cheveux et peignoirs

• Fer et planche à repasser

Dienstleistungen und Annehmlichkeiten

L'Hôtel Empress offre un service de première classe, comprenant un service de voiturier, un service d'étage atten-tionné et d'autres commodités. Le petit-déjeuner continental deluxe gratuit inclut du café Starbucks fraîchement préparé, servi chaque matin sur la terrasse ensoleillée. Le restaurant

Manhattan, situé juste au coin de la rue, propose également une cuisine excellente. L'hôtel dispose aussi d'une salle de sport, d'un spa et d'un sauna pour le plus grand plaisir des clients. Le personnel peut également vous conseiller sur les spas locaux et d'autres points d'intérêt à proximité.

Pour les voyageurs d'affaires, l'Hôtel Empress offre un accès Internet gratuit sur deux étages. Des réunions privées et des conférences peuvent être organisées dans l'une des deux salles de réunion, pouvant accueillir jusqu'à 50 personnes. Les deux salles sont équipées d'un accès Internet haut débit.

Si vous souhaitez séjourner dans la région de La Jolla, l'Hôtel Empress est l'un des meilleurs établissements du secteur. L'hôtel bénéficie d'un emplacement idéal, à quelques minutes seulement de certaines des plus grandes attractions que San Diego a à offrir.

Vous pourrez visiter Sea World, l'Aquarium Birch et de nombreuses autres attractions touristiques populaires. Et le meilleur dans tout ça ? Après une journée à La Jolla et San Diego, vous pourrez retourner dans votre hôtel relaxant et simplement vous détendre – comme il se doit pendant les vacances.

Anreise nach La Jolla

La Jolla se trouve en Californie, à environ 20 minutes en voiture du centre-ville de San Diego en empruntant l'Interstate 5 vers le nord. Prenez la sortie Ardath Road, qui devient ensuite Torrey Pines Road. Continuez sur cette route en direction de l'ouest jusqu'à ce que vous aperceviez Prospect Place, signe que vous êtes arrivé au village. Tournez à droite sur Prospect Place pour atteindre le cœur de La Jolla.

En moyenne, La Jolla accueille environ 7 000 visiteurs par jour. Avec autant de monde affluant dans un si petit endroit, vous pouvez parier que la recherche d'une place de stationnement sera ardue. Il n'y a pas de parcmètres, bien que de nombreuses rues proches de l'eau aient une limite de stationnement d'une heure. Un peu plus loin, vous pouvez vous garer pour deux heures, mais il est impératif de respecter ces limites. Même hors saison, le stationnement est strictement contrôlé ici.

Quelle que soit la période de l'année, il est très difficile de trouver une place. Les rues sont presque toujours bondées, mais pour une bonne raison : La Jolla est une excellente attraction touristique, offrant beaucoup d'activités aquatiques et de divertissements pour toute la famille.

Si vous êtes attentif lors de votre visite, vous pourrez trouver quelques places payantes disséminées dans la ville. En vous approchant du centre-ville, les tarifs sont légèrement plus avantageux.

Pour votre visite à La Jolla, le meilleur conseil concernant le stationnement est un parking bien caché, que peu de gens remarquent. En descendant Prospect sur Coast Boulevard, vous le trouverez sur votre gauche, juste en face du Cave Store. Attention cependant : les véhicules de plus de 1,80 m de hauteur ne peuvent pas y accéder.

La Jolla Strände

Des plages familiales prisées par la plupart des touristes aux criques plus isolées préférées des surfeurs, plongeurs et nageurs, les plages de La Jolla offrent quelque chose pour chacun. De la plage de Blacks au nord à celle de Windansea au sud, le littoral de La Jolla est composé de falaises de grès abruptes, entrecoupées de criques et de plages de sable.

Les brises ensoleillées mais agréables et les vues pittoresques en font un paradis de vacances pour les touristes et un haut lieu des loisirs aquatiques pour les locaux. Sept plages uniques s'étendent le long des onze kilomètres de côte, sur fond de propriétés immobilières, de stations balnéaires, de falaises, de grands palmiers et de paysages luxuriants.

Le centre-ville de La Jolla est idéalement situé à proximité de la plupart des plages, offrant non seulement des parkings pour les visiteurs, mais aussi de nombreux bons restaurants, des cafés conviviaux, des lieux culturels, des galeries d'art et d'autres commodités commerciales.

Entre midi et 16 heures, l'affluence sur l'une des plages de La Jolla peut être très importante. Si vous souhaitez visiter l'une des plages de La Jolla, il est préférable d'arriver tôt et de rester jusqu'à tard le soir – vous pourrez ainsi profiter de la magie des couchers de soleil et de la vue sur le crépuscule au-dessus de l'océan.

Chaque plage de La Jolla vous offre quelque chose d'unique et diverses façons de profiter du bonheur de vos vacances. La Jolla Shores est la plage la plus populaire pour les familles, avec la plus grande étendue de plages de sable plat. Si vous aimez observer les gens, prendre un bain de soleil et passer des journées paresseuses à la plage, La Jolla Shores est l'endroit idéal pour vous.

La Jolla Cove est une autre excellente plage avec des falaises de grès abruptes offrant une vue à couper le souffle et l'eau bleue paradisiaque scintillante pour laquelle la baie est connue. La Jolla Cove est un rêve devenu réalité pour les nageurs en raison de ses eaux calmes. À côté de la piscine pour enfants, la baie est riche en récifs qui attirent les plongeurs et les adeptes du snorkeling avec son abondance de vie marine.

Il existe plusieurs grottes de La Jolla, sculptées par la nature dans les rochers de grès entre La Jolla Cove et La Jolla Shores, qui attirent les kayakistes du monde entier. L'une des grottes, connue sous le nom de « Sunny Jim Cave », est accessible par un tunnel artificiel qui mène à une descente abrupte à travers un étroit passage souterrain jusqu'à une plateforme en bois.

Avec ses nombreuses plages le long de la côte, La Jolla est l'endroit idéal pendant les mois d'été. La Jolla est une attraction touristique réputée, visitée quotidiennement par bien plus de 7 000 personnes. Si vous aimez vous prélasser sur la plage, La Jolla vous semblera être le paradis sur terre.

La Jolla Bucht

La baie de La Jolla se trouve en contrebas du parc Ellen Browning Scripps, dans le centre-ville de La Jolla. La partie sablonneuse de la plage est assez petite, avec de nombreuses falaises rocheuses. À marée haute, les rochers environnants retiennent l'eau qui, à marée basse, forme de petites mares, offrant ainsi un spectacle fascinant tant pour les enfants que pour les adultes.

La Cove de La Jolla, située au 1100 Coast Boulevard, est une très petite plage nichée entre des falaises de grès voisines. En raison de sa beauté exceptionnelle, la baie est l'une des plages les plus photographiées du sud de la Californie. Bien qu'elle ne soit qu'à quelques minutes à pied du quartier commercial de La Jolla, la baie a su préserver son caractère unique.

Le côté nord présente une proportion inhabituellement élevée de sable grossier. De l'autre côté se trouve la pelouse du parc Scripps, un endroit idéal pour pique-niquer. La visibilité dans l'eau de la baie peut parfois dépasser 9 mètres, ce qui en fait un lieu très prisé des plongeurs et des adeptes du snorkeling.

La baie fait partie de la réserve écologique sous-marine du parc de San Diego, ce qui contribue à préserver la diversité de la vie marine. Dans cette zone, la règle est : « Regardez, mais ne touchez pas ». La possession d'animaux sauvages est interdite.

La Cove de La Jolla est un excellent endroit pour plonger, surtout lorsque les vagues sont basses. Avant de vous rendre à la plage, il est toujours conseillé d'appeler la ligne d'information sur les plages et de vous renseigner auprès des maîtres-nageurs avant de plonger.

La Cove de La Jolla est une plage exceptionnelle qui a beaucoup à offrir à toute la famille. On peut y nager abondamment et profiter de la plus belle eau de la région. Si vous souhaitez passer une chaude journée d'été, La Cove de La Jolla est l'endroit idéal.

Divertissements à La Jolla

Chaque année, La Jolla attire d'innombrables touristes du monde entier. Avec ses paysages pittoresques, ses vues incroyables et sa culture charmante, La Jolla est un paradis pour les visiteurs. Les divertissements proposés dans la région ravissent également le nombre croissant de touristes et offrent quelque chose pour tous les goûts.

Art

La Jolla prospère et éblouit avec ses excellentes galeries d'art. La communauté célèbre un large éventail d'art, bien que la plupart des galeries privilégient les œuvres contemporaines. La Quint Gallery met en avant l'art moderne et expose des peintures à l'huile et à l'aquarelle, ainsi que des photographies et des sculptures.

La Gallery La Jolla propose divers artistes contemporains européens et américains qui exposent à la fois des peintures et des sculptures. Un peu plus loin dans la rue se trouve la Carlton Gallery, dédiée à la sculpture et exposant également de l'art oriental.

Musique

Bien que l'art domine clairement l'atmosphère culturelle de La Jolla, la musique n'est pas négligée. Une variété de styles anime la musique pour les touristes et les habitants. La bibliothèque Athenaeum Music and Arts possède une collection de livres et d'autres pièces dédiées au monde de la musique.

En été, les Concerts by the Sea à La Jolla sont très populaires auprès des habitants et des touristes. Cette série de concerts annuelle se déroule à La Cove de La Jolla et présente de la musique live dans un cadre en bord de mer.

Théâtre et cinéma

Le La Jolla Playhouse est le théâtre le plus populaire de la région. Ce théâtre existe depuis de nombreuses années et est connu pour ses nouvelles pièces. Pour le monde du cinéma, le Cove Theater est un cinéma à l'ancienne qui projette des films indépendants et étrangers souvent négligés par les grands cinémas.

Vie nocturne

La vie nocturne à La Jolla est animée et très dynamique. The Spot est un établissement nocturne populaire dans le village de La Jolla. Un autre excellent établissement est le Humphrey's La Jolla Grill. Pour ceux qui aiment rire, le Comedy Store est vivement recommandé.

Activités de plein air

La région ensoleillée de La Jolla enchante avec ses activités de plein air. Depuis le mont Soledad, vous pouvez profiter d'une vue panoramique sur le comté de San Diego ou grimper à travers les grottes mystérieuses des La Jolla Caves.

Les amateurs de golf ne devraient pas manquer le Torrey Pines Golf Course, le seul parcours de golf public de tout le circuit PGA. Ceux qui recherchent l'aventure devraient explorer La Jolla depuis les airs, avec un vol depuis l'aérodrome de planeur de Torrey Pines.

Que vous soyez à la recherche d'art, de vie nocturne ou d'aventures en plein air, La Jolla vous offre le divertissement que vous désirez. Il y a beaucoup à faire ici - et donc plus d'une raison pour les touristes de revenir.

Plages de La Jolla

La Jolla Shores se trouve au 8200 Camino del Oro et est une plage de sable d'environ 1,6 kilomètre de long qui borde une zone résidentielle. Pendant les mois d'été, les vagues sur cette plage sont généralement les plus douces de toutes les plages de San Diego, bien que les courants puissent parfois être très forts.

C'est précisément pour cette raison que des cours de plongée pour débutants sont proposés à La Jolla Shores. Le parc Kellogg, couvert d'herbe, se trouve derrière la station principale des maîtres-nageurs et est un excellent endroit pour pique-niquer. Une large promenade en ciment longe une grande partie de la plage entre le sable et le parc.

La plage de La Jolla Shores borde la réserve écologique sous-marine de San Diego La Jolla. Il est interdit de retirer des objets de cette zone et la pêche y est prohibée. À l'extrémité nord de la plage se trouve le quai Scripps, qui n'est cependant pas accessible au public.

Dans les limites de la ville, La Jolla Shores dispose de la seule rampe de mise à l'eau sur la plage. Les petits bateaux peuvent être mis à l'eau directement dans les vagues au pied de l'Avenida de la Playa, au sud du poste de secours. Ce terrain peut être accidenté, vous aurez donc peut-être besoin d'un véhicule à quatre roues motrices.

Si vous aimez surfer, il existe des zones spécifiques sur la plage où les vagues sont plutôt petites. Pour la plongée, l'extrémité sud de la plage est souvent utilisée par les cours de plongée.

Pendant les mois d'été, La Jolla Shores peut être très fréquentée. Essayez de visiter la plage le matin, lorsque l'affluence est moindre. C'est une plage idéale pour les chaudes journées d'été, offrant de nombreuses activités pour toute la famille.

Marine Street Strand

Situé à proximité de la prestigieuse communauté de La Jolla, Marine Street Beach est un petit regroupement de boutiques de vêtements haut de gamme, d'hôtels, de magasins et de galeries. La plage est également légendaire auprès des adeptes du bodysurf et du bodyboard, car les vagues tumultueuses semblent toujours frapper la côte au bon moment.

Il convient de noter que cette plage n'est peut-être pas idéale pour les familles, car il n'y a pas de toilettes publiques ni d'aires de pique-nique, et les vagues agitées ne conviennent pas aux enfants. Si vous avez une famille, il serait préférable de choisir une autre plage.

Bien qu'elle ne soit pas la meilleure plage pour les familles, Marine Street Beach offre beaucoup d'intimité et un magnifique sable blanc, propice à une belle journée au soleil entre amis.

Les vagues violentes de cette plage ont causé de graves blessures aux nageurs et aux bodyboarders par le passé. Si vous n'êtes pas très expérimenté dans l'eau, veillez toujours à respecter l'océan et les vagues ici.

Pendant les mois d'été et les week-ends de pointe en automne et au printemps, des maîtres-nageurs sont présents sur la plage. À Marine Street Beach, vous devrez vous garer dans la rue, car il n'y a pas de parking public. Essayez d'arriver tôt, car il peut être très difficile de trouver une place, surtout en été et les week-ends.

Comment s'y rendre

En venant du nord, prenez l'I-5 vers le sud. Sortez à Genesee Avenue, dirigez-vous vers l'ouest, puis tournez à gauche sur Torrey Pines Road. Descendez la colline vers le centre-ville de La Jolla, tournez à gauche sur Girard Avenue, puis à droite sur Pearl Street. Tournez à gauche sur La Jolla Boulevard, puis à droite sur Marine Street.

En venant du sud, prenez l'I-5 vers le nord jusqu'à Torrey Pines Road. Une fois arrivé au centre-ville de La Jolla, suivez simplement les instructions ci-dessus.

Mount Soledad

Mount Soledad, situé dans la belle La Jolla, vous offre l'opportunité de profiter d'une vue panoramique à 360 degrés à l'ombre d'une croix imposante. De nombreuses plaques commémoratives de vétérans bordent le sommet. Mount Soledad est un spectacle véritablement magnifique et un point de repère bien connu dans la région de La Jolla.

Sur Mount Soledad, vous vous tenez à plus de 240 mètres d'altitude, à l'ombre d'une croix de 13 mètres de haut, profitant de la vue et de la splendeur qu'offre la montagne. Vous pouvez y pique-niquer, admirer le panorama ou simplement observer le coucher du soleil. Mount Soledad est également un endroit idéal pour prendre des photos si vous aimez la photographie.

La beauté à perte de vue

En contrebas de Mount Soledad, on aperçoit les eaux scintillantes de La Jolla Shores et les toits en terre cuite de ceux qui ont vraiment de la chance. Au nord, la côte s'étend jusqu'au comté d'Orange.

Au sud de Mount Soledad, vous avez une vue sur le Mexique avec la ligne d'horizon de la ville et tout ce que la région a à offrir. Et à l'est, la vue s'étend à perte de vue.

La croix

Vous vous demandez peut-être ce qu'est cette croix et ce qu'elle représente. L'histoire remonte à 1913, lorsque les habitants de Pacific Beach ont construit une croix en séquoia et l'ont érigée sur la montagne. Dix ans plus tard, elle a été enlevée par des voleurs, et un remplacement a été érigé en 1934, qui a été détruit par des vents violents en 1952.

Peu après, l'Association commémorative de Mount Soledad a érigé la croix actuelle en mémoire des soldats des guerres de Corée et des deux guerres mondiales. La croix de Mount Soledad a été source de controverses, bien que le problème semblait avoir été résolu à la fin des années 1990. Le conseil municipal de San Diego a vendu la croix et le demi-hectare de terrain qui l'entoure à l'Association commémorative.

En 2002, des mini-murs ont été installés pour honorer les vétérans sous la croix. Cependant, cela a plutôt suscité une controverse, certains estimant que le symbole imposant met en avant les vétérans chrétiens par rapport aux autres.

Pour ceux qui vivent dans la région, Mount Soledad et sa croix sont d'une véritable beauté. Pour les visiteurs et les touristes, Mount Soledad offre des vues à couper le souffle, et la croix semble en accentuer les détails.

Si vous visitez un jour La Jolla, assurez-vous de vous rendre à Mount Soledad. C'est tout près du centre-ville et vous serez heureux d'avoir pris le temps d'y aller. La croix est quelque chose que vous devez simplement voir - les mots ne peuvent pas la décrire.

L'aquarium Birch

L'aquarium Birch est plus petit et plus intime que d'autres aquariums, c'est un endroit où vous pouvez vous rapprocher de tous les animaux tout en prenant le temps d'apprécier la visite.

En raison de son intimité, l'aquarium est stimulant aussi bien pour les adultes que pour les enfants. Vous pouvez observer une pieuvre monter et descendre le long de la vitre ou une méduse flotter lentement dans l'eau. C'est une excellente expérience pour toute la famille.

L'exposition la plus populaire de l'aquarium Birch est celle des hippocampes. Elle présente de nombreuses espèces différentes, des minuscules hippocampes mesurant moins d'un centimètre aux dragons de mer plus grands et plus étonnants. Les nombreuses expositions interactives de l'aquarium vous aident à comprendre l'histoire de l'océanographie. Une plongée simulée dans un sous-marin des grands fonds vous fait découvrir les merveilles et les étrangetés des profondeurs océaniques, même si cela peut sembler un peu lent pour les plus jeunes enfants. Les enfants de tous âges apprécient les expositions qui illustrent la présence des produits de l'océan dans les objets du quotidien.

Si vous souhaitez photographier les expositions, faites attention au verre et aux reflets. Si possible, approchez-vous (environ un mètre) et réglez votre flash à un angle de 45 degrés. Veillez à ne pas trop vous concentrer sur la photographie à l'intérieur de l'aquarium - vous pourriez manquer le spectacle qui se déroule à l'extérieur.

Si vous êtes en vacances à La Jolla ou si vous y vivez, l'aquarium Birch vaut le détour. Il y a des expositions étonnantes qui offrent quelque chose pour tout le monde. Vous pouvez y passer de nombreuses heures, alors n'hésitez pas à le visiter.

Plage de Windansea

Derrière toutes les maisons chics, les hôtels et les restaurants réputés de La Jolla se trouve la plage de Windansea. Par les chaudes journées d'été, cette plage est bordée de surfeurs et de baigneurs. Avec ses falaises de grès, sa plage de sable et ses fantastiques brise-lames, Windansea Beach est un lieu de prédilection pour les surfeurs depuis les années 1940 et un point de rencontre du Windansea Surf Club depuis les années 1960.

La cabane sur la plage, construite par des surfeurs pendant la Seconde Guerre mondiale, est aujourd'hui un site historique de San Diego. La plage est également excellente pour le bodysurf et la plongée avec tuba. L'extrémité nord de Windansea est assez rocheuse, tandis que l'extrémité sud est plus sablonneuse et parfaite pour les promenades au bord de l'eau. Vous pouvez également pique-niquer sur l'herbe à côté de la plage et profiter de la magnifique vue sur l'océan Pacifique.

Il n'y a pas d'installations sanitaires à Windansea Beach. Pendant les mois d'été, des maîtres-nageurs sont postés tout le long de la plage, ainsi que certains week-ends d'automne et de printemps. La plage dispose de zones de baignade et de surf séparées, qui ne sont pas accessibles aux fauteuils roulants. Lorsque vous visitez la plage, vous pouvez vous garer dans la rue ou utiliser le petit parking près de la plage.

Comment s'y rendre

Vous trouverez Windansea près de 6800 Neptune Place. En venant du nord, suivez l'I-5 vers le sud jusqu'à la sortie Genesee Avenue, puis dirigez-vous vers l'ouest. Tournez à gauche sur Torrey Pines Road et suivez la route jusqu'au centre-ville de La Jolla. Tournez à gauche sur Girard Avenue, puis à droite sur Pearl Street. Tournez à gauche sur La Jolla Boulevard, puis à droite sur Nautilus Street et vous y êtes.

En venant du sud, suivez l'I-5 vers le nord jusqu'à la sortie Ardath Road. Ardath Road devient Torrey Pines Road. De Torrey Pines Road, tournez à gauche sur Girard Avenue. Tournez à droite sur Pearl Street, puis à gauche sur La Jolla Boulevard. Tournez à droite sur Nautilus Street et vous y êtes.

Windansea est probablement l'une des plus belles plages du sud de la Californie - et un endroit idéal pour des promenades romantiques au coucher du soleil. Les parents doivent faire preuve de prudence avec les jeunes enfants sur la plage, car les vagues se brisent souvent avec une force inti-midante directement sur le rivage.

Si vous souhaitez visiter Windansea Beach, pensez à partir tôt. Comme pour la plupart des plages de San Diego, en arrivant tôt, vous obtiendrez les meilleures places de parking et plus d'intimité avant l'arrivée des foules. Windansea est une très belle plage qui mérite votre temps par les chaudes journées d'été.

4

CORONADO ISLAND

Tout le monde en Californie sait que les meilleures plages de San Diego se trouvent sur l'île de Coronado. Coronado est reliée au centre-ville de San Diego par le pont de la baie et abrite le centre d'entraînement des SEAL ainsi que la base aéronavale de Coronado. En tant que centre militaire important, il y a toujours de l'activité sur l'île de Coronado.

L'une des meilleures caractéristiques de Coronado est le célèbre Hôtel del Coronado. Cet hôtel balnéaire de style victorien, fondé en 1888, était certainement l'un des plus grands et des meilleurs hôtels de son époque. Il a accueilli par le passé la légendaire Marilyn Monroe ainsi que le duc et la duchesse de Windsor.

L'Hôtel del Coronado offre l'un des meilleurs services de Californie et une vue imprenable sur San Diego. Son restaurant est l'un des meilleurs de la région et, même si vous n'y séjournez pas, vous pouvez y déguster un excellent repas. Chaque année, des milliers de personnes viennent à Coronado uniquement pour séjourner dans cet hôtel de classe mondiale – oui, il est vraiment exceptionnel.

L'embarcadère est également un excellent complément à ce que l'île de Coronado a à offrir. Le Ferry Landing Marketplace propose plus de 30 boutiques, restaurants et galeries d'art. Flânez et découvrez ce que le marché a à offrir, ou visitez le parc Tidelands.

Il y a d'excellents endroits pour se promener et faire du vélo, offrant une vue fantastique sur la skyline de San Diego. Au coucher du soleil, c'est l'un des meilleurs endroits où se trouver. Un marché fermier s'y tient également tous les mardis.

La plage de Coronado se trouve également ici et a été élue « Meilleure plage pour un week-end » par Travel Channel. Au nord de la plage se trouve Coronado Beach. Même en été, la plage de Coronado n'est pas bondée, ce qui permet à votre famille d'avoir beaucoup d'espace pour profiter de la splendeur de l'une des meilleures plages de Californie.

Depuis le Glorietta Bay Inn à Coronado, vous pouvez faire une visite à pied. Les visites démarrent plusieurs fois par semaine et vous montrent tout ce que la région a à offrir. C'est une excellente façon d'en apprendre davantage sur la région. Si vous préférez, vous pouvez aussi laisser quelqu'un d'autre conduire et essayer une visite en voiturette.

Pour les romantiques, la promenade en gondole est un changement bienvenu dans la vie. Une balade romantique à travers les canaux des Coronado Cays peut être une agréable pause dans le quotidien.

Vous pouvez accéder à l'île de Coronado depuis San Diego en prenant la sortie Coronado Bay Bridge sur l'I-5. Par voie maritime depuis San Diego, vous pouvez prendre le ferry de Coronado, qui circule toutes les heures de 9h00 à 22h00. La marche à pied depuis l'embarcadère du ferry jusqu'à l'Hôtel del Coronado est d'un peu plus d'un mile.

5

OCEAN BEACH, SAN DIEGO

La plage d'Ocean Beach, située dans le quartier du même nom, se trouve juste au sud de l'entrée du canal de Mission Bay. Elle est située au 1950 Abbott Street et est très prisée en été. Pendant les mois d'hiver, les couples aiment s'y promener et profiter simplement de leur intimité.

Ocean Beach est une plage large d'environ un mile de long. À son extrémité nord se trouve un terrain de volleyball. En été, le terrain grouille de joueurs, tandis que le sable alentour est envahi de spectateurs.

À l'extrémité sud de la plage se trouve la jetée municipale d'Ocean Beach. Ouverte au public, elle offre de nombreuses possibilités de promenade et de pêche. On y trouve un magasin d'appâts et d'articles de pêche, ainsi qu'un restaurant. Bien qu'aucun permis ne soit nécessaire pour pêcher depuis la jetée, les règles de pêche doivent être respectées.

En vous dirigeant vers l'extrémité sud de la plage, vous trouverez de nombreux restaurants, des boutiques de surf et divers autres commerces et installations. Bien que vous puissiez vous rendre en voiture jusqu'à l'extrémité nord d'Ocean Beach, cette plage est principalement entourée de résidents du quartier.

La particularité d'Ocean Beach est sa plage pour chiens, située à l'extrémité nord. Dans cette zone sablonneuse, les chiens peuvent courir et jouer sans laisse, à toute heure du jour et de la nuit. Bien que les propriétaires soient responsables de leurs chiens et de leurs déjections, la « Dog Beach » est en réalité très agréable pour tout propriétaire de chien.

Pour votre sécurité, des maîtres-nageurs sont en service tous les jours de l'année. Ils sont généralement présents de 9 heures du matin jusqu'à la tombée de la nuit, mais vous pouvez vous renseigner auprès d'eux pour connaître leurs horaires exacts. Ils sont là pour votre protection et se feront un plaisir de répondre à toutes vos questions.

N'oubliez pas que les plages californiennes sont soumises à de forts courants. En raison de ces courants, plus de 1 000 personnes sont secourues chaque année par les maîtres-nageurs sur les plages californiennes. Pour plus de sécurité, il est toujours recommandé de nager près d'un maître-nageur à Ocean Beach, San Diego.

Pour les amateurs de surf, cette activité est autorisée dans des zones désignées à Ocean Beach. Cependant, la plongée n'est pas recommandée en raison de l'absence de vie sous-marine notable, des forts courants et des vagues potentiellement dangereuses.

Que ce soit pour nager ou pour profiter du style de vie californien, Ocean Beach est un endroit formidable. En été, c'est un lieu très populaire qui attire des centaines de milliers de personnes. Si vous aspirez à découvrir le mode de vie californien, une visite à Ocean Beach, San Diego, s'impose.

6

BELMONT PARK

Le Belmont Park est situé dans la ville ensoleillée de San Diego et est l'un des meilleurs parcs d'attractions du sud de la Californie. Ce parc offre des activités pour toute la famille. Avec des manèges pour petits et grands et pratiquement tout ce qu'il y a entre les deux, le Belmont Park est une aventure très excitante.

L'attraction la plus emblématique du parc est les montagnes russes Giant Dipper. Construites en 1925 et restaurées au fil des ans, ces montagnes russes sont vraiment uniques, offrant des descentes rapides, des collines abruptes et une vitesse vertigineuse !

Le Belmont Park de San Diego propose également le Flowrider, parfait pour les amateurs de surf. Le Flowrider offre des sessions horaires et même des cours pour les débutants. Si les vagues ne sont pas votre tasse de thé, vous serez peut-être tentés par les auto-tamponneuses ou le Chaos. Le Chaos ressemble à une grande roue, mais génère un balancement et un roulis tridimensionnels aléatoires. Peu importe quand vous montez, aucun tour n'est identique à un autre !

Pour les amateurs de jeux d'arcade, il y a une salle de jeux familiale et Gamelords. Cela crée l'expérience de jeu ultime qui occupera les enfants, les adolescents et même les adultes pendant des heures.

D'autres attractions du parc incluent le Vertical Plunge, les Krazy Kars et le fameux « Plunge ». Le Plunge est une attraction formidable et, par coïncidence, la plus grande piscine intérieure chauffée de San Diego. Le Plunge est parfait pour nager, plonger et simplement s'amuser, car c'est un plaisir énorme.

Le Crazy Submarine et le trampoline vous aideront à ressentir les sensations fortes. Pour vraiment tester vos limites, le mur d'escalade offre un défi unique. Quiconque souhaite essayer peut grimper le mur et découvrir s'il a vraiment ce qu'il faut pour atteindre le sommet.

Si vous en avez assez des manèges, il y a beaucoup d'autres divertissements et événements pour vous occuper. Il se passe toujours quelque chose au Belmont Park. San Diego étant une attraction touristique, vous pouvez parier que le divertissement au Belmont Park n'est rien de moins que spectaculaire.

Pour les enfants, le Belmont Park propose des offres vraiment imbattables pour les fêtes d'anniversaire ou les fêtes privées. Si vous décidez d'organiser une fête ici, vous pouvez pour ainsi dire louer une partie du parc pour vous-même. Pour les enfants, cela peut être un souvenir inoubliable.

Le Belmont Park n'est pas fermé du lundi au jeudi ! Il est ouvert tous les jours de 11h à 22h. Visitez-le n'importe quel jour de la semaine et profitez du meilleur du divertissement.

Pour compléter votre plaisir, assurez-vous de faire un peu de shopping et de manger un morceau. Le Belmont Park de San Diego offre une excellente cuisine et des possibilités de shopping. Il y a donc plus d'une raison de visiter le parc et de s'émerveiller – vraiment s'émerveiller.

7
ALTSTADT

Le parc de la Vieille Ville de San Diego fait revivre la vie des premières époques américaine et mexicaine de 1821 à 1872. Idéalement situé à San Diego, il aide à brosser un tableau du San Diego d'antan. Quel que soit l'angle sous lequel on l'envisage, un voyage en Californie ne saurait être complet sans une visite de la Vieille Ville.

Autour des cinq adobes du complexe principal se trouvent des boutiques, un musée et plusieurs restaurants. Le manoir La Casa, qui entoure le patio, vous donne un aperçu de l'époque. À deux pas de là se trouve le musée, dont les nombreux artefacts reflètent la vie dans la Vieille Ville.

La Vieille Ville abrite également une forge, une école et plusieurs autres bâtiments historiques, dont le premier bureau de presse de San Diego. C'est vraiment un lieu à voir, surtout pour ceux qui souhaitent en apprendre davantage sur l'histoire de San Diego.

San Diego fut la première colonie espagnole en Californie. Elle fut fondée en 1769 avec un fort et une mission. À l'époque, en 1769, la Californie était encore en devenir et n'avait ni la taille de l'État actuel ni celle du pays.

Lors de votre visite du parc de la Vieille Ville, ne manquez pas de vous rendre au centre d'accueil de la maison Robinson-Rose. Ce centre a été reconstruit et présente une maquette de la Vieille Ville telle qu'elle était en 1872. La maquette exposée a été créée par Joseph Toigo.

Le parc de la Vieille Ville propose également des expositions sur la vie d'autrefois, des programmes et même des visites guidées. Vous pouvez bénéficier d'une visite personnelle du parc, au cours de laquelle un guide vous montrera et vous expliquera tout.

Pendant votre visite du parc, vous pouvez aussi profiter d'un pique-nique sur l'une des aires prévues à cet effet ou vous procurer de quoi manger auprès des nombreux vendeurs. Des commodités, y compris des toilettes, sont également disponibles.

Pour les habitants de San Diego, le parc de la Vieille Ville se trouve à l'angle de San Diego Avenue et de Twiggs Street. Situé près du centre-ville, il est plus facile d'accès que vous ne pourriez le penser. Si vous vivez en ville mais n'avez jamais visité ce parc, vous devriez absolument y faire un tour.

Lors d'un séjour ou d'une visite à San Diego, la Vieille Ville fait revivre un pan du passé. Il y a beaucoup à voir et une multitude d'histoires à découvrir. Passez simplement au parc et faites-vous votre propre idée de ce à quoi les choses ressemblaient autrefois.

8

PACIFIC BEACH

Pacific Beach est un endroit magnifique où l'océan est vivant et où de nombreuses activités sont proposées à tous les visiteurs. Avec ses nombreuses attractions, Pacific Beach à San Diego a accueilli plus de 26 millions de visiteurs ! Avec de tels chiffres, vous ne pouvez pas vous tromper en y faisant un séjour.

Au-delà des merveilles de la plage, le quartier commerçant de Pacific Beach offre des centaines d'opportunités pour dénicher des trésors. Avec des enseignes locales comme L.A. Rack et des chaînes comme Starbucks, c'est véritablement un paradis du shopping. De plus, ce quartier regorge de nouvelles boutiques de vêtements, de salons de beauté et de nombreux autres magasins à découvrir.

En ce qui concerne la vie nocturne et les restaurants raffinés, Pacific Beach a tout pour plaire. L'offre culinaire est aussi variée que le monde sous-marin. Vous y trouverez de tout, de la cuisine thaïe fusion aux pâtes gastronomiques, en passant par les fruits de mer, les hamburgers et pratiquement tout ce qui se trouve entre les deux.

Lorsque le soleil se couche et que les marées changent, Pacific Beach semble s'animer. Il y a des dizaines de boîtes de nuit proposant de la danse, de la musique live et certains des meilleurs bars de plage de Californie. La plupart se trouvent à quelques pas des hôtels, et Pacific Beach fait sa part pour vous faciliter la vie.

Le meilleur atout de Pacific Beach est sans aucun doute le sable doré pour lequel la Californie est si réputée. La plage et la promenade en bord de mer sont toutes deux modestes, offrant des locations de vélos et de planches, des restaurants de plage avec une vue imprenable et de nombreux parcs verdoyants à explorer.

Assis sur le sable, vous pouvez ressentir le frisson du jeu de fer à cheval, admirer les belles femmes qui s'amusent dans l'eau, vous émerveiller devant les dauphins et suivre les interminables compétitions de surf en été. L'été est définitivement un peu plus chaud lorsque vous êtes assis sur Pacific Beach, les orteils dans le sable et face à la mer.

Avec le parc de Mission Bay et la jetée historique de Crystal à proximité, vous trouverez toujours quelque chose à faire. Mission Bay est un parc public qui abrite le célèbre

SeaWorld, avec de nombreuses attractions, des animaux marins et de bons restaurants.

De son côté, la jetée historique de Crystal offre un avant-goût de la Californie du Sud sous un nouveau jour. Une promenade le long de la jetée fait revivre le goût du passé, mêlé au style de vie que seule la Californie peut offrir.

Avec une touche d'océan et tout ce qui va avec, Pacific Beach promet un été formidable et inoubliable. Avec ses nombreux magasins, ses restaurants raffinés et son sable californien, c'est un quartier de San Diego que vous devriez visiter encore et encore !

9
SEAWORLD

L'un des attraits les plus importants et les plus séduisants de San Diego est SeaWorld. En tant que l'un des parcs d'attractions les plus populaires au monde, il constitue une attraction majeure pour les touristes. Tout visiteur de San Diego devrait prévoir une escapade à SeaWorld.

SeaWorld est surtout célèbre pour Shamu, l'orque qui captive petits et grands pendant des heures. En outre, le parc propose une multitude d'autres spectacles animaliers et attractions. Bien que Shamu soit incontournable, il y a de nombreux autres animaux fascinants à découvrir.

Un point fort particulier est le programme d'interaction avec les dauphins. Ici, vous pouvez entrer directement dans l'eau et jouer avec les animaux – une expérience d'apprentissage unique, surtout pour les amateurs de dauphins. Les dauphins jouent un rôle important à SeaWorld, où des centaines d'entre eux vivent.

Lors de votre visite à SeaWorld, vous plongez dans un monde sous-marin que vous n'avez peut-être jamais expérimenté auparavant. Vous pouvez nourrir des dauphins et d'autres mammifères marins, et même compter les dents d'un requin ! Ce que SeaWorld a à offrir est sans égal parmi les autres parcs d'attractions.

Outre les attractions animalières, SeaWorld propose également des divertissements pour petits et grands : un phare hanté, diverses attractions et spectacles. Avec un pass journalier, vous pouvez profiter pleinement de tout cela.

Nouveau à SeaWorld, le spectacle « Believe ». Découvrez Shamu comme jamais auparavant dans un voyage plein de merveilles et de magie que vous devez voir pour y croire et l'apprécier.

SeaWorld est ouvert toute l'année, sauf lors des jours fériés importants. Tant que vous ne planifiez pas votre visite un jour férié, rien ne s'oppose à une expérience inoubliable.

Des vacances à SeaWorld San Diego offrent quelque chose pour tout le monde. Tandis que les enfants s'amusent pleinement, il y a aussi beaucoup à vivre pour les adultes. Les environs de SeaWorld ont également beaucoup à offrir, des restaurants aux diverses attractions touristiques.

La prochaine fois que vous planifierez des vacances, vous devriez absolument envisager SeaWorld. Avec son emplacement exceptionnel, ses activités et attractions variées, ainsi que la possibilité d'observer de près les habitants des mers, c'est une expérience inoubliable pour toute la famille.

10

EIN KURZER BLICK AUF SAN DIEGO

San Diego est souvent considérée comme la seule région des États-Unis bénéficiant d'un climat parfait, et elle abrite également le plus ancien port de la côte ouest. Avec sa célèbre base navale et son attrait touristique majeur, cette ville époustouflante domine l'économie locale.

San Diego offre non seulement de hautes montagnes, des déserts et plus de 110 kilomètres des plages les plus réputées au monde, mais aussi d'autres attractions remarquables telles que SeaWorld, le zoo de San Diego et le parc safari.

Pour les amateurs d'art, il existe de nombreux musées variés et même un théâtre shakespearien au Old Globe Theatre.

De plus, San Diego compte plus de terrains de golf de championnat que toute autre région du monde, créant ainsi une ville qui stimule l'imagination de chacun.

Que ce soit en tant que destination touristique ou lieu de résidence, San Diego est un endroit à visiter au moins une fois dans sa vie. Sa vie nocturne peut rivaliser avec celle de Las Vegas et offre quelque chose pour tous les membres de la famille.

Jeune ou moins jeune, San Diego est une ville où vous ne vous ennuierez jamais.